Mis emocio...

ASUSTADO

Un libro de Las Raíces de Crabtree

AMY CULLIFORD

Traducción de Pablo de la Vega

CRABTREE
Publishing Company
www.crabtreebooks.com

Apoyos de la escuela a los hogares para cuidadores y maestros

Este libro ayuda a los niños en su desarrollo al permitirles practicar la lectura. Abajo están algunas preguntas guía para ayudar al lector a fortalecer sus habilidades de comprensión. En rojo hay algunas opciones de respuesta.

Antes de leer:

- ¿De qué pienso que trata este libro?
  - *Este libro es sobre sentirse asustado.*
  - *Este libro es sobre cómo se ve uno cuando está asustado.*
- ¿Qué quiero aprender sobre este tema?
  - *Quiero aprender qué debo hacer si estoy asustado.*
  - *Quiero aprender cómo se ve una persona asustada.*

Durante la lectura:

- Me pregunto por qué...
  - *Me pregunto por qué lloramos cuando estamos asustados.*
  - *Me pregunto por qué nos asusta probar cosas nuevas.*
- ¿Qué he aprendido hasta ahora?
  - *Aprendí que el susto es una emoción.*
  - *Aprendí que algunas personas gritan cuando están asustadas.*

Después de leer:

- ¿Qué detalles aprendí de este tema?
  - *Aprendí que está bien decirle a alguien que estás asustado.*
  - *Aprendí que todos podemos asustarnos.*
- Lee el libro una vez más y busca las palabras del vocabulario.
  - *Veo la palabra **escondo** en la página 6 y la palabra **tormentas** en la página 8. Las demás palabras del vocabulario están en la página 14.*

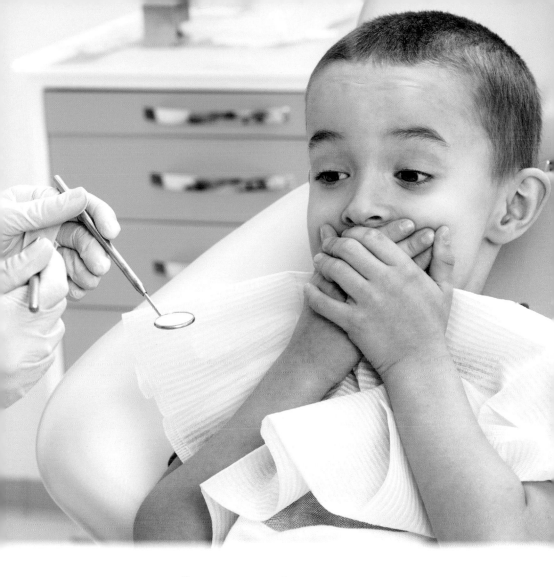

¿Qué te hace
estar **asustado**?

Me asusta la **oscuridad**.

Me **escondo**
cuando me asusto.

Las **tormentas** me asustan.

Lloro cuando estoy asustado.

Busco a mi **mamá** cuando estoy asustada.

¿Qué te asusta?

Lista de palabras

Palabras de uso común

a	hace	qué
cuando	la	te
estar	me	
estoy	mi	

Palabras para conocer

asustado

escondo

lloro

mamá

oscuridad

tormentas

32 palabras

¿Qué te hace estar **asustado**?

Me asusta la **oscuridad**.

Me **escondo** cuando me asusto.

Las **tormentas** me asustan.

Lloro cuando estoy asustado.

Busco a mi **mamá** cuando estoy asustada.

¿Qué te asusta?

Mis emociones

ASUSTADO

Written by: Amy Culliford
Designed by: Rhea Wallace
Series Development: James Earley
Proofreader: Ellen Rodger
Educational Consultant:
Marie Lemke M.Ed.
Translation to Spanish:
Pablo de la Vega
Spanish-language lay-out and
proofread: Base Tres
Print and production coordinator:
Katherine Berti

Photographs:
Shutterstock: Juan Pablo Gonzaález: cover;
    TY Ilm: p. 1; Aleksandr Rybalko: p. 3, 14;
    Kryzhov: p. 5, 14; justoomm: p. 7, 14; HelloRF
    Zcool: p. 8, 14; fizkes: p. 9, 14; Inna Ska: p. 13

Library and Archives Canada Cataloguing in Publication

Title: Asustado / Amy Culliford.
Other titles: Scared. Spanish
Names: Culliford, Amy, 1992- author. | Vega, Pablo de la, translator.
Description: Series statement: Mis emociones | Translation of: Scared. |
    Translation to Spanish: Pablo de la Vega. | "Un libro de las raíces
    de Crabtree". | Text in Spanish.
Identifiers: Canadiana (print) 20210208031 |
    Canadiana (ebook) 2021020804X |
    ISBN 9781427140036 (hardcover) |
    ISBN 9781427140098 (softcover) |
    ISBN 9781427139917 (HTML) |
    ISBN 9781427139979 (EPUB) |
    ISBN 9781427140159 (read-along ebook)
Subjects: LCSH: Fear in children—Juvenile literature. |
    LCSH: Fear—Juvenile literature.
Classification: LCC BF723.F4 C8518 2022 | DDC j152.4/6—dc23

Library of Congress Cataloging-in-Publication Data

Available at the Library of Congress

Crabtree Publishing Company

www.crabtreebooks.com   1-800-387-7650

Printed in the U.S.A./062021/CG20210401

Copyright © 2022 **CRABTREE PUBLISHING COMPANY**

Published in the United States
Crabtree Publishing
347 Fifth Avenue, Suite 1402-145
New York, NY, 10016

Published in Canada
Crabtree Publishing
616 Welland Ave.
St. Catharines, Ontario L2M 5V6